I0820580

ABUELO,
¿ME CUENTAS TU HISTORIA?

De ______________________

Para ______________________

Fecha ______________________

ABUELO,
¿ME CUENTAS TU HISTORIA?

Para ti, abuelo

ELMA VAN VLIET

Para todos los nietos que reciban de vuelta este libro:

Deseo que disfrutéis mucho con las historias de vuestro abuelo y espero que su lectura se convierta en un viaje de descubrimiento sobre él, el pasado, el presente y muchas cosas más.

Querido abuelo:

En 2004 apareció *Mamá, ¿me cuentas tu historia?*, un libro que escribí pensando en mi madre. Cuando cayó enferma, me di cuenta de la cantidad de preguntas sin respuesta que tenía sobre ella, sobre la mujer que llegó a ser, y también sobre todos los pequeños y grandes sueños de su vida.

Mamá, ¿me cuentas tu historia? se convirtió en el punto de partida de muchas historias, desde anécdotas divertidas y entrañables hasta relatos conmovedores. Me llegaron peticiones para que dedicara libros parecidos a las abuelas y a los abuelos. Mientras escribía este libro hablé mucho con abuelos y nietos. Comprendí que la vida ha cambiado muy deprisa y que conversar con tu abuelo significa en realidad hacer un viaje a través del tiempo. Los abuelos saben muchas cosas acerca de nuestro árbol genealógico y es probable que puedan contarnos un sinfín de recuerdos sobre la historia de nuestra familia.

Te han regalado este libro para que las personas que más te quieren puedan atesorar tus historias. Espero que disfrutes mucho respondiendo las preguntas y que te ayuden a rememorar los buenos momentos de tu vida. Asimismo espero que suscite muchas conversaciones sobre pequeñas y divertidas anécdotas pero también sobre cuestiones más difíciles y trascendentes.

Mi sueño es que todos los abuelos puedan rellenar algún día este libro y, de este modo, leguen algo muy valioso a sus nietos. Para que una parte de ellos permanezca para siempre.

Normalmente los regalos no se devuelven, pero este libro es una excepción a la regla. La idea es que lo rellenes y se lo devuelvas al nieto que te lo regaló.

Con mucho cariño,
Elma van Vliet

HÁBLAME DE TU INFANCIA Y DE HACERTE MAYOR

TU INFANCIA

¿Cuándo y dónde naciste?

¿Cuál es tu nombre completo?

¿Sabes por qué eligieron tus padres tu nombre?

¿Tenías o tienes algún apodo o apelativo cariñoso?

¿Cómo eras de niño?

¿Eras tímido o extrovertido?

¿Tenías algún ídolo al que te gustaba imitar?

TU INFANCIA

¿Qué recuerdos conservas de tu infancia?

¿La recuerdas con cariño?

¿Qué personas o qué cosas te parecían importantes?

¿Tenías algún peluche favorito que llevabas siempre contigo?

¿Solías ponerte enfermo de pequeño?

¿Alguna vez tuvieron que ingresarte en el hospital?

¿Tenías algún juguete favorito? ¿Cuál?

TU INFANCIA

¿A qué te gustaba jugar?

¿Había algún juego que hoy en día ya no conocemos?

¿Con quién te gustaba más jugar?

¿Preferías jugar en casa o en la calle?

¿Qué hacíais el fin de semana?

¿Qué hacíais durante las vacaciones?

TU INFANCIA

¿Qué libros leías de pequeño?

¿Se leía mucho en vuestra familia?

¿Qué canciones cantabas de pequeño? ¿Cómo las aprendiste?

¿Cuál era tu día de la semana preferido?

¿Y el mejor día del año?

¿Por qué ese día era tan especial para ti?

Espacio
para fotos...

... y más historias y
recuerdos

Espacio
para fotos...

… y más historias y recuerdos

TUS PADRES Y ABUELOS

¿Cómo se llamaban tus padres?

¿Sabes su fecha y lugar de nacimiento?

¿Y cuándo y dónde nacieron tus abuelos y abuelas?

¿Sabes cómo se conocieron tus abuelos?

¿Llegaste a conocer a tus abuelos y abuelas?

¿Fueron importantes para ti?

¿A qué se dedicaban tus abuelos? ¿Tus abuelas también trabajaban?

TUS PADRES Y ABUELOS

¿Cuáles son los mejores recuerdos que guardas de tus abuelas y abuelos?

¿Eran importantes los lazos familiares en vuestra casa?

¿Os reuníais en fechas señaladas?

¿Tenías algún tío o tía preferidos? ¿Cómo eran?

¿Qué era lo que más te gustaba de ellos?

¿Había alguna oveja negra en la familia? ¿Quién era?

TUS PADRES Y ABUELOS

¿Y había alguna persona famosa en tu familia?

¿Se hablaba mucho del pasado en tu familia?

¿Qué temas salían de manera recurrente?

¿Cómo eran tus padres? ¿Eran modernos o más bien antiguos?

¿Cómo describirías la relación entre ellos?

¿Era tradicional?

TUS PADRES Y ABUELOS

¿Sabes cómo se conocieron tus padres?

¿Solían hablarte de esa época?

¿Eran muy religiosos?

¿Recibiste una educación religiosa?

¿En qué trabajaba tu padre?

¿Cómo era tu padre?

¿Qué relación tenías con él?

TUS PADRES Y ABUELOS

¿Qué buenos recuerdos conservas de tu padre?

¿Tu madre también trabajaba? En caso afirmativo, ¿a qué se dedicaba?

¿Cómo era tu madre?

¿Qué relación tenías con ella?

TUS PADRES Y ABUELOS

¿Qué buenos recuerdos conservas de tu madre?

¿Qué les gustaba hacer a tus padres en su tiempo libre?

¿Tenían aficiones?

¿A quién te pareces más físicamente, a tu padre o a tu madre? ¿Y en el carácter?

¿En qué lo notas?

¿Cuáles fueron las lecciones sobre la vida más importantes que te transmitieron tus padres?

Espacio
para fotos...

... y más historias y
recuerdos

Espacio
para fotos...

... y más historias y recuerdos

VUESTRO HOGAR

¿Cuántos hermanos tienes? ¿Cómo se llaman?

¿Cuándo nacieron y qué lugar ocupas tú entre ellos?

¿Con cuál de ellos te llevabas mejor de pequeño?

¿Teníais un carácter parecido o más bien erais muy distintos?

¿Qué clase de familia erais?

¿Qué era lo que más te gustaba de vuestra familia?

¿Teníais tradiciones que recuerdes con una sonrisa?

¿Tenías «ropa de domingo»?

¿Qué te ponías?

VUESTRO HOGAR

De niño ¿estrenabas ropa a menudo?

¿Lo considerabas algo importante?

¿Tu padre tuvo un papel tan importante como tu madre en tu educación?

¿Tenías que ayudar en casa?

¿Qué tipo de tareas tenías que hacer?

¿Había un día fijo en tu casa para hacer determinadas labores?

VUESTRO HOGAR

¿Qué aparatos electrónicos os cambiaron más la vida?

¿Qué productos de limpieza se usaban entonces?

¿Recuerdas aún cómo olían?

¿Había cosas que siempre hacíais en familia? Ponme algún ejemplo.

¿Había programas de radio que escuchabais juntos? ¿Cuáles?

VUESTRO HOGAR

¿Teníais televisor en casa o lo tenía algún familiar?

¿Qué programas de televisión eran los favoritos?

¿Dónde vivíais y qué tipo de casa era? ¿Cuál era vuestra dirección?

¿Os mudasteis alguna vez?

¿Tenías una habitación para ti solo? ¿Cómo era?

¿Hay sonidos u olores que te recuerden a la casa donde creciste?

¿Cuál era tu rincón favorito?

VUESTRO HOGAR

¿Cómo era el barrio donde te criaste?

¿Teníais mucha relación con los vecinos?

¿Adónde ibais a hacer la compra? ¿Con qué frecuencia la hacíais?

¿Ibais siempre a las mismas tiendas?

¿Recuerdas lo que costaba un litro de leche? ¿Y una barra de pan?

¿Cuál era tu comida favorita? ¿Había algún plato que odiaras?

¿Tenías que acabártelo sí o sí?

VUESTRO HOGAR

¿Qué comíais los días de entre semana?

¿Eran siempre comidas calientes?

¿Cómo era una comida en vuestra familia los días de fiesta?

¿Tienes cosas en casa que hayan pertenecido a la familia desde hace mucho tiempo?

¿Cómo celebrabas tu cumpleaños?

¿Qué te gustaba más de ese día?

VUESTRO HOGAR

¿Cuál es el regalo de cumpleaños más bonito que te han hecho nunca?

¿Qué era y cuántos años tenías?

¿Qué hacíais en Navidad? ¿Y en Nochevieja y Año Nuevo?

¿Y el día de Reyes?

¿Te dejaban quedarte despierto hasta medianoche?

¿Qué otras festividades celebrabais juntos? ¿Cómo?

¿Pasabais de vez en cuando el día fuera toda la familia? ¿Qué hacíais?

VUESTRO HOGAR

¿Hablabais en casa abiertamente sobre vuestros sentimientos y emociones?

¿Qué situaciones difíciles pasasteis como familia?

¿Cómo las vivisteis?

¿Hablabais sobre ello o todo lo contrario?

¿Qué días de tu juventud te gusta más rememorar?

¿Por qué esos en concreto?

¿Cuál crees que es la mayor diferencia entre crecer entonces y hacerlo ahora?

Espacio
para fotos...

… y más historias y
recuerdos

Espacio
para fotos...

... y más historias y recuerdos

CRECER Y HACERTE MAYOR

¿A qué edad empezaste a ir al colegio?

¿Recuerdas cómo se llamaba?

¿Cómo ibas?

¿Qué era lo que más te gustaba de ir al colegio?

¿Cómo era un día de escuela normal? ¿A qué hora empezabas las clases?

¿Teníais clase por las tardes?

Cuéntame alguna anécdota del colegio que te hiciera reír mucho en aquella época.

¿Hacías travesuras de vez en cuando? Cuéntame alguna.

CRECER Y HACERTE MAYOR

¿Cómo os trataban los maestros?

¿Tenías algún maestro o maestra preferido? ¿Cómo se llamaba?

¿Por qué era especial para ti?

¿Le tenías manía a alguno de tus maestros? ¿Por qué?

¿Qué querías ser de mayor?

¿Eras buen estudiante o no te gustaba demasiado ir al colegio?

¿Tenías alguna asignatura preferida? ¿Y alguna que detestaras?

¿Hacíais salidas con la escuela? ¿Adónde?

CRECER
Y HACERTE MAYOR

¿Qué te gustaba hacer después de la escuela?

¿Qué recuerdos tienes de la escuela?

¿Querías seguir estudiando? ¿Tus padres estaban de acuerdo contigo?

¿Qué hiciste al acabar la escuela? ¿Seguiste estudiando?

¿Cómo eras de adolescente? ¿Cómo veías el mundo?

CRECER Y HACERTE MAYOR

¿Cuáles fueron los acontecimientos más importantes a nivel mundial en aquella época?

¿Tenías aficiones? ¿Qué te gustaba hacer?

¿Y cuál era la música que más te gustaba escuchar?

¿Salías de vez en cuando? ¿Adónde solías ir?

CRECER Y HACERTE MAYOR

¿Qué se llevaba en aquella época? ¿Cómo te vestías?

¿Cuál fue tu primer empleo y cómo lo conseguiste? ¿Qué edad tenías?

¿Te acuerdas de lo que ganabas?

¿De qué marca era el primer coche que compraste? ¿Recuerdas cuánto te costó?

¿Seguías viviendo en casa de tus padres?

CRECER
Y HACERTE MAYOR

¿Quiénes eran tus amigos por entonces?

¿Conservas aún algún amigo o amiga de esa época?

¿Cómo era la relación con tus padres cuando ya trabajabas?

¿Estaban orgullosos de ti? ¿Lo expresaban abiertamente?

CRECER Y HACERTE MAYOR

¿Qué hiciste después de tu primer empleo?

De todos los trabajos que has tenido ¿cuál ha sido tu preferido? ¿Por qué?

¿Cuál es la mayor diferencia entre estudiar y trabajar en tu época y hacerlo hoy en día?

¿Qué consejos me darías sobre los estudios y el trabajo?

Espacio
para fotos...

... y más historias y recuerdos

Espacio
para fotos...

... y más historias y recuerdos

HÁBLAME DEL AMOR Y DE SER ABUELO

EL AMOR

¿Dónde y cómo conocíais a chicas en tu época?

¿Recuerdas quién fue tu primer amor? ¿Cuándo fue?

¿Recibiste algún tipo de educación sexual? ¿Quién se encargó de orientarte sobre el tema y cómo lo hizo?

¿Cuántas parejas has tenido en tu vida?

¿Alguna vez te rompieron el corazón? ¿Cómo lo superaste?

EL AMOR

¿Cómo y cuándo conociste a la abuela? ¿Fue amor a primera vista?

¿Cómo supiste que te gustaba?

¿Cómo fue vuestra primera cita?

¿Qué cosas te gustaban más de la abuela?

¿Le pediste en matrimonio? ¿Qué edad tenías y cómo se lo propusiste?

EL AMOR

¿Cómo fue el día de vuestra boda?

¿Os fuisteis de luna de miel? ¿Adónde?

¿Cuánto tiempo lleváis o estuvisteis juntos?

¿Qué me aconsejas para mis relaciones de pareja?

¿Y qué consideras que no se debe hacer nunca en una relación?

¿Siempre quisiste ser padre?

EL AMOR

¿Recuerdas cuándo y dónde te enteraste de que ibas a ser padre de mi madre/padre?

¿Cómo era mi madre/padre de pequeña/o?

¿Criaste a tus hijos de una forma distinta de como te educaron tus padres?

¿Cuál era la mayor diferencia?

¿Qué es lo más bonito y lo mejor de ser padre?

¿Y lo más difícil?

Espacio
para fotos...

... y más historias y recuerdos

Espacio
para fotos...

... y más historias y recuerdos

SER ABUELO

¿Cuántos años tenías cuando te convertiste en abuelo?

¿Te acuerdas aún de dónde estabas cuando yo nací?

¿Cómo te enteraste de mi nacimiento?

¿Supiste con antelación si yo iba a ser niño o niña?

¿Tener nietos es una experiencia igual de bonita que tener hijos?

¿Qué diferencia hay?

¿El hecho de ser abuelo te cambió mucho? ¿De qué manera?

SER ABUELO

Como abuelo, ¿qué te diferencia del tuyo propio?

¿Hay semejanzas?

¿Qué es lo que más te gusta de ser abuelo?

¿Cuáles son los mejores momentos con tus nietos?

¿Cuáles son los mejores consejos que me darías sobre la crianza y educación de los hijos?

Espacio
para fotos...

... y más historias y
recuerdos

Espacio
para fotos...

... y más historias y recuerdos

HÁBLAME DE TU TIEMPO LIBRE Y AFICIONES

TUS GUSTOS, VIAJES Y OCIO

¿Qué era lo que más te gustaba hacer en tus días libres? ¿Y ahora?

¿Cuál es tu país preferido para ir de vacaciones?

¿Por qué ese en concreto?

¿Recuerdas adónde fuiste de vacaciones por primera vez?

¿Con quién ibas?

¿Cuáles son los mejores recuerdos de tus vacaciones?

TUS GUSTOS, VIAJES Y OCIO

¿Qué lugares crees que todo el mundo debería visitar?

¿Tus gustos musicales han cambiado con el paso de los años?

¿Qué escuchabas antes y qué música prefieres ahora?

¿Tienes aficiones? ¿Cuáles son?

¿Practicas algún deporte? ¿Es el mismo que hacías antes?

TUS GUSTOS, VIAJES Y OCIO

¿Te gusta el fútbol? ¿Cuál es tu equipo favorito?

¿Te gusta hacer trabajos en casa? ¿Cuál consideras tu mejor proyecto?

¿Hay algo que te quite el sueño?

¿Cuál es el mejor restaurante donde has comido?

TUS GUSTOS, VIAJES Y OCIO

¿Cuáles son tus tres libros favoritos?

¿Cómo es tu fin de semana ideal?

¿Cuál es el programa de televisión que más te gusta?

¿Y el que menos?

¿Cuál es la mejor película que has visto?

Espacio
para fotos...

... y más historias y
recuerdos

Espacio
para fotos...

... y más historias y recuerdos

HÁBLAME
DE QUIÉN ERES
AHORA

TUS RECUERDOS

¿Qué acontecimientos históricos influyeron en tu vida?

¿De qué manera lo hicieron?

¿Hay alguna canción, olor o cualquier otra cosa que te traiga buenos recuerdos?

¿Conseguiste cumplir algunos de tus sueños? ¿Cuáles?

¿Qué sueños te quedan pendientes?

¿Cuál es el lema de tu vida?

TUS RECUERDOS

¿Cuáles son las cosas más hermosas que has conseguido?

¿Qué fue lo más difícil para lograrlas?

¿Qué objetivos te quedan aún?

¿Has llegado a conocer a alguna persona famosa?

¿Quién era y qué opinión te mereció?

¿Qué lecciones has aprendido de la vida que te gustaría transmitirme?

¿Recuerdas alguna broma que gastaste en el pasado que aún te haga reír?

TUS RECUERDOS

¿Qué sucesos de tu vida te han marcado profundamente?

¿Qué etapa de tu vida recuerdas con nostalgia?

¿Cuáles son las mejores decisiones que has tomado en la vida?

¿Hay cosas de las que te arrepientes?

TUS RECUERDOS

¿Cuál ha sido el mejor propósito que te has hecho nunca?

¿Qué momentos de tu vida te gustaría revivir?

¿Qué acontecimientos históricos te alegras de haber presenciado?

¿A qué personajes históricos admiras?

¿Por qué?

TUS RECUERDOS

¿A qué personas de tu vida les estás profundamente agradecido?

¿De quién aprendiste mucho?

¿Cuál es la mayor diferencia entre la persona que eras antes y la que eres ahora?

¿Has tenido que despedirte de personas importantes en tu vida?

¿Cómo has asimilado esa pérdida?

Espacio
para fotos...

... y más historias y recuerdos

Espacio
para fotos...

… y más historias y recuerdos

TUS PENSAMIENTOS, DESEOS Y SUEÑOS

Dime tres cosas en la vida que consideres importantes.

¿Es tu casa muy importante para ti?

¿Cuál es tu rincón favorito?

¿Qué personas, si ha habido alguna, son una fuente de inspiración para ti?

¿Por qué?

¿Y a qué personas conocidas o famosas admiras? ¿Por qué?

TUS PENSAMIENTOS, DESEOS Y SUEÑOS

¿Qué días del año te resultan especiales?

¿Qué te gusta hacer esos días?

¿Y qué tradiciones mantienes?

¿Qué significa para ti la felicidad?

¿Ha ido cambiando esa idea con el paso de los años?

¿Cuáles son tus mejores características?

TUS PENSAMIENTOS, DESEOS Y SUEÑOS

¿Qué aspectos de ti querrías cambiar?

¿Qué cosas te gustaría aprender?

¿Qué te gusta de la madurez?

¿Qué te hace reír a carcajadas?

TUS PENSAMIENTOS, DESEOS Y SUEÑOS

¿Qué cosas te conmueven?

¿Tienes algún día de la semana preferido? ¿Qué mes te gusta más?

Si te convirtieras en un líder mundial, ¿cuál sería la primera decisión que tomarías?

¿Cómo ha ido cambiando tu visión del mundo a medida que te hacías mayor?

TUS PENSAMIENTOS, DESEOS Y SUEÑOS

¿Qué significa la amistad para ti?

¿Quiénes son tus mejores amigos y por qué?

¿Cuál es el mejor regalo que puede hacerte alguien?

¿Qué o quién te apoya en los momentos difíciles?

¿Cuál es el mayor cumplido que te han hecho?

TUS PENSAMIENTOS, DESEOS Y SUEÑOS

¿Qué lugares o países te gustaría visitar?

Si miras tu vida en retrospectiva, ¿cuáles han sido los momentos culminantes?

¿Qué momentos importantes están aún por llegar?

Espacio
para fotos...

... y más historias y recuerdos

Espacio
para fotos...

... y más historias y recuerdos

Espacio
para fotos...

HÁBLAME
DE TI Y DE MÍ

HÁBLAME DE MÍ

¿Reconoces en mí algunos rasgos típicos de la familia?

¿Me parezco a ti? ¿Qué cosas tuyas reconoces en mí?

¿Qué momentos te gustaría revivir conmigo?

¿Qué cosas querrías volver a ver o hacer conmigo?

HÁBLAME DE MÍ

¿Qué es lo que más te gusta de nuestra relación? ¿Qué querrías mejorar de ella?

¿Qué lecciones de vida te gustaría transmitirme?

¿De qué decisiones mías te sientes orgulloso?

¿Qué te gusta de mí?

HÁBLAME DE MÍ

¿Qué has aprendido de mí?

¿Qué sueños tienes para mí?

¿Qué cosas más te gustaría contarme?

¿Qué te gustaría preguntarme?

Espacio
para fotos...

... y más historias y recuerdos

Espacio
para fotos...

... y más historias y recuerdos

Espacio
para fotos...

... y más historias y recuerdos

Espacio
para fotos...

... y más historias y
recuerdos

Papel certificado por el Forest Stewardship Council®

Título original: *Opa, vertel eens*
Primera edición: febrero de 2019
Octava reimpresión: enero de 2025

Printed in Spain – Impreso en España

ISBN: 978-84-01-02296-8
Depósito legal: B-349-2019

Compuesto en M. I. Maquetación, S. L.

Impreso en Limpergraf
Barberà del Vallès (Barcelona)

L 0 2 2 9 6 C